Dieses Buch gehört:

....

....

Der Hund

Ich bin der Hund. Man nennt mich auch den besten Freund des Menschen. Ganz früher lebte ich in freier Wildbahn. Aber der Mensch hat aus mir in mühevoller Arbeit ein Haustier gemacht – domestiziert, nennt man das. Ich bin aber sehr froh, dass ich jetzt ein Gefährte der Menschen sein kann, denn es geht mir dort ja viel besser. Ich bekomme Nahrung und Trinkwasser und darf meine Jungen bei den Menschen zur Welt bringen. Obwohl mir Fleisch sehr gut schmeckt, brauche ich auch trockenes Futter, zum Beispiel geschrotetes Getreide, um gesund zu bleiben. Ein rohes Ei zwischendurch macht mein Fell besonders seidig. Mich gibt es in sehr vielen Rassen, in klein, in groß, mit glattem Fell, mit Locken, in weiß, in braun und, und, und. Mein Geruchssinn ist besonders gut ausgeprägt. Deshalb werde ich oft als Jagdhund eingesetzt. Ich wache auch sehr streng über die Anwesen meiner Herrchen und belle, sobald sich Fremde nähern. Ich liebe Kinder und mag es, wenn sie meinen Nacken kraulen. Ich spiele gerne nachlaufen und hole alle Stöckchen zurück. Auch im Schwimmen könnte ich Olympiasieger werden, denn ich habe Schwimmhäute zwischen meinen Zehen. Ich weiß auch immer genau, wann mein Herrchen heimkommt: dann sitze ich schon erwartungsvoll in der Nähe der Tür und winsle vor Freude, obwohl ich noch niemanden sehen kann. Ich spüre, wenn mich jemand lieb hat.

Der Igel

Ich bin der Igel. Siehst du meine vielen Stacheln? Schon so manchen Feind habe ich damit in die Flucht geschlagen. Blitzschnell kann ich mich nämlich zu einer Kugel zusammenrollen, so dass nur noch ein stacheliger Ball zu sehen ist. Ich lebe in Wäldern, unter Büschen, aber auch in der Nähe der Menschen finde ich oft einen Nistplatz. In vielen Gärten oder Scheunen lässt es sich gut wohnen. Meine Nahrung suche ich mir nur nachts. Da streife ich alleine umher und suche mir Pilze, Obst, Schnecken, Mäuse oder Insekten. Die Menschen sind auch immer sehr nett zu mir und stellen Wasser bereit, manchmal sogar Semmeln, Kartoffelreste oder Gemüse. Ich belohne die Menschen dann natürlich damit, dass ich sehr anhänglich und fast zahm werde und meinem Standort sehr treu bleibe. Ich sehe aber auch drollig aus mit meinen kleinen Augen, der Rüsselnase und meinem Stummelschwänzchen. Mit meinen kurzen Beinen kann ich auch sehr flink trippeln. Wenn ich mit meinen Jungen unterwegs bin, marschieren sie immer ganz dicht hinter mir, eines nach dem anderen. Zum Überwintern suchen wir uns meistens einen großen Haufen aus Blättern oder kleinen Ästen. Darunter bleibt es den ganzen Winter über angenehm warm, damit wir im Frühling unsere neugierigen Nasen wieder in die Sonne recken können.

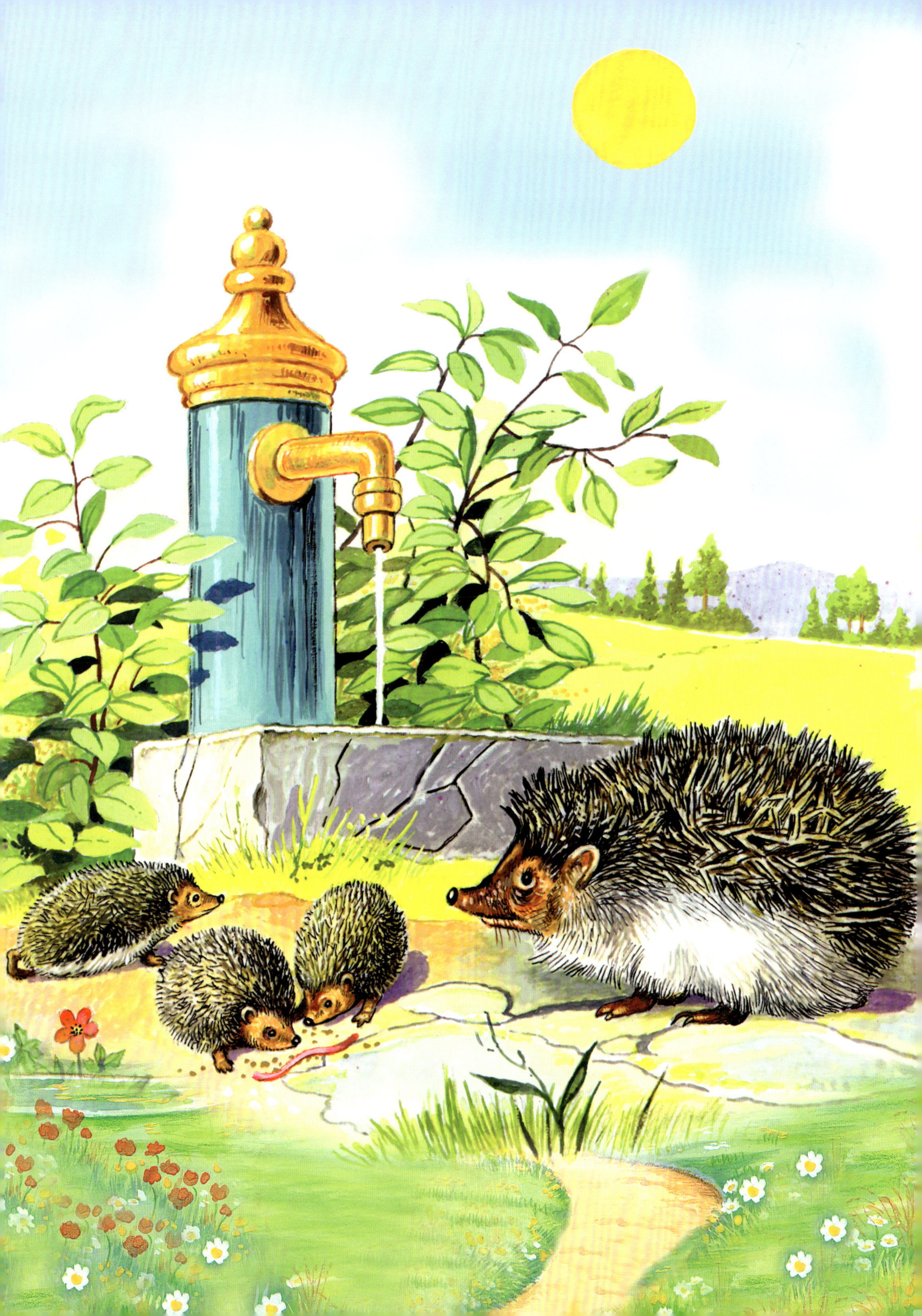

Das Pferd

Ich bin das Pferd. Kraftvoll galoppiere ich über die Wiesen und Felder. Ich bin ein Tier, das viel Bewegung braucht. Faul im Stall herumzustehen, ist nichts für mich. Ich lebe auf der ganzen Erde. Früher hat man mit meiner Kraft auf den Äckern gegraben oder Eisenbahnen und Kutschen gezogen. Sogar auf den Wegen entlang der Flüsse zog ich mit meiner Körperkraft schwere Lasten. „PS" steht doch für Pferdestärke, hast du das gewusst? Aber im heutigen Maschinenzeitalter habe ich zum Glück mehr die Aufgabe eines Reitpferdes. Reiten ist ein schöner Sport. Auf eigenen Strecken werde ich dazu dressiert, im Trab zu laufen oder über Hindernisse zu springen. Ich liebe meine Reiter und zwischen uns entsteht eine tiefe Freundschaft. Auch Kutschenfahrten sind sehr beliebt. Ich fresse Pflanzen, Getreide, Früchte und Gemüse und muss viel trinken. Aber wie auch ihr, meine lieben Kinder, nasche ich sehr gerne mal ein Zuckerstück. Mein Fell muss auch immer sehr gepflegt werden. Meine Jungen, die Ponys, werden von mir nach der Geburt gleich trocken geleckt. Schon sehr bald können sie mit mir auf der Koppel herumlaufen, obwohl sie mit ihren dünnen Beinchen so zerbrechlich aussehen. Aber bei mir Milch zu trinken, gibt ihnen die nötige Kraft für ihr weiteres Leben.

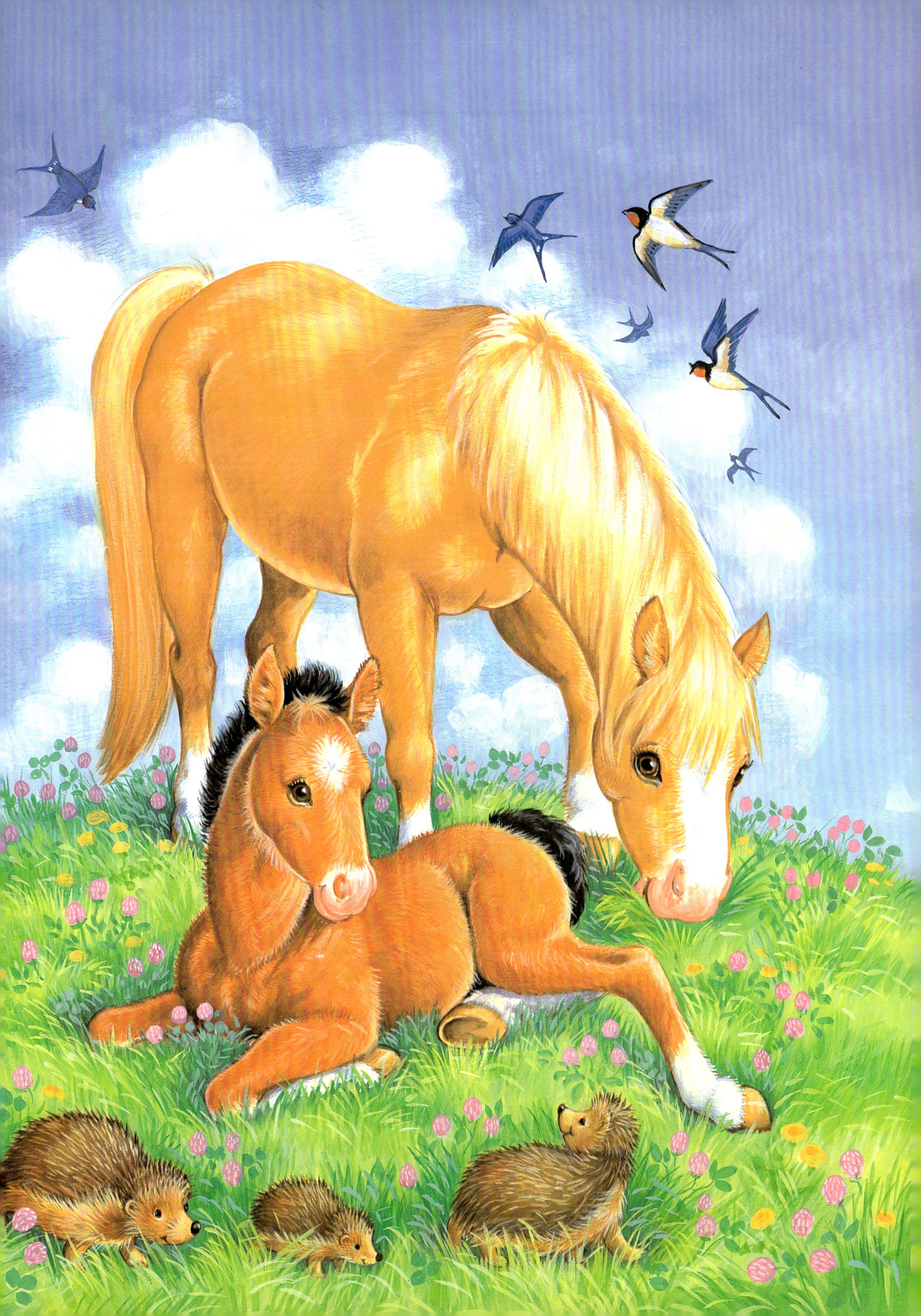

Das Eichhörnchen

Hallo Kinder, ich bin das Eichhörnchen. Unter den Nagetieren bin ich sicher der beste Turner. Ich klettere auf die Bäume in Windeseile und sause im Laufschritt über Äste in schwindelnder Höhe. Auf meinem Weg springe ich von Ast zu Ast, von Baum zu Baum. Mein langer, buschiger Schweif dient mir dabei als Steuerruder. Ich bin ein sehr verspieltes Kerlchen. Mir gefällt es, mit meinen Freunden herumzubalgen oder nachlaufen zu spielen. In unserer Familie geht es eigentlich immer friedlich zu, da wir nicht streitsüchtig oder gar angriffslustig sind. Mich findest du in Wäldern und Parks. Ich baue mir sogar ein eigenes Nest zum Schlafen und eines, wo ich spielen kann. Aber meistens bin ich auf Futtersuche, da ich für den Winter eine entsprechend große Vorratskammer anlegen muss. Die kalte Jahreszeit verbringe ich nämlich in absoluter Ruhe, gleich einem Winterschlaf. Und da ist es gut, wenn die Speisekammer gut gefüllt ist mit Samen, Früchten, Knospen, Pilzen, Rindenstücken und vor allem mit Nüssen. An meinen Pfoten besitze ich scharfe Krallen und meine Vorderpfoten kann ich wie richtige Hände benutzen. Damit halte ich dann die Nüsse fest und knacke die Schale mit meinen spitzen Zähnen. Wenn ich müde bin, kuschle ich mich in mein Nest und decke mich mit meinem Schwanz zu. Du hast doch sicher auch so eine flauschige Decke, nicht wahr?

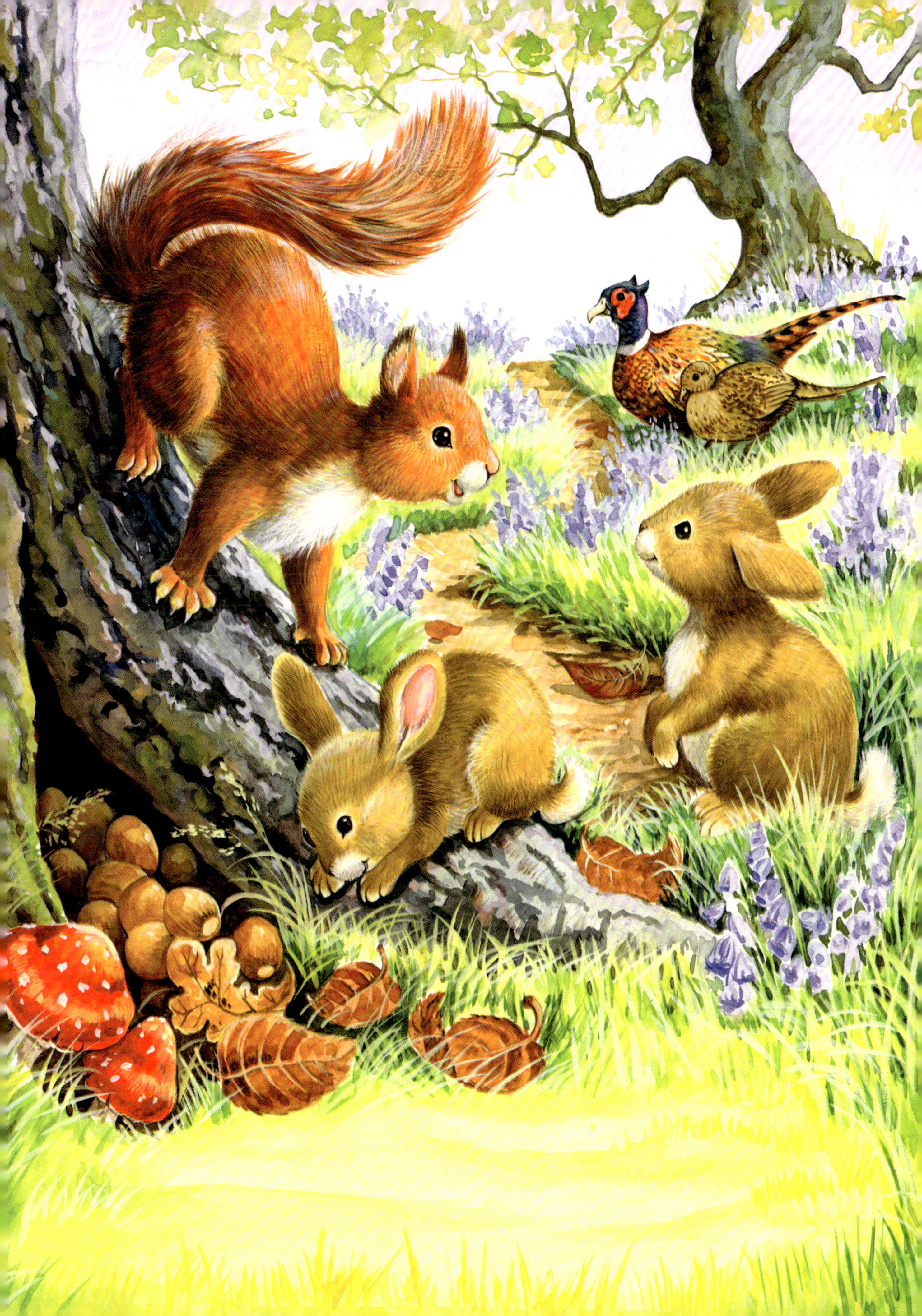

Die Kuh

Wer bin ich wohl? Mein Muh verrät es klar und deutlich. Eigentlich kann ich ziemlich stolz auf mich sein, denn ich bin eines der wichtigsten Nutztiere des Menschen und bin daher über den ganzen Erdball verbreitet. Ich liefere wertvolle Milch, die in den Molkereien zu den köstlichsten Milchprodukten verarbeitet wird. Besonders gut geht es mir, wenn ich auf der Weide sein kann. Die frischen Gräser und Kräuter schmecken so wunderbar, dass meine Milch dann noch ein bisschen besser schmeckt. Ich bin ein sehr gutmütiges Wesen, mit großen treuherzigen Augen. Da ich ein Wiederkäuer bin, zermalme ich meine Nahrung zweimal. Dazu gehört auch Stroh und Heu. Ich kenne mich aber auch sehr gut bei den Pflanzen aus: ich weiß nämlich, welche Kräuter ungenießbar sind. Ich bin eine sehr liebevolle Mami. Wenn mein Kälbchen auf die Welt gekommen ist, lecke ich sein Fellchen trocken. Nach kurzer Zeit kann es schon stehen und trinkt Muttermilch bei mir. In meiner Familie gibt es viele verschiedene Arten, mein Fell kann braun, grau, schwarz oder gefleckt sein. Ich habe einen langen Schweif, an dessen Ende ein lustiger Pinsel wächst. Wozu ich den wohl brauche? Ich halte ihn immer in Bewegung und vertreibe damit die Fliegen, die manchmal sehr lästig sein können.

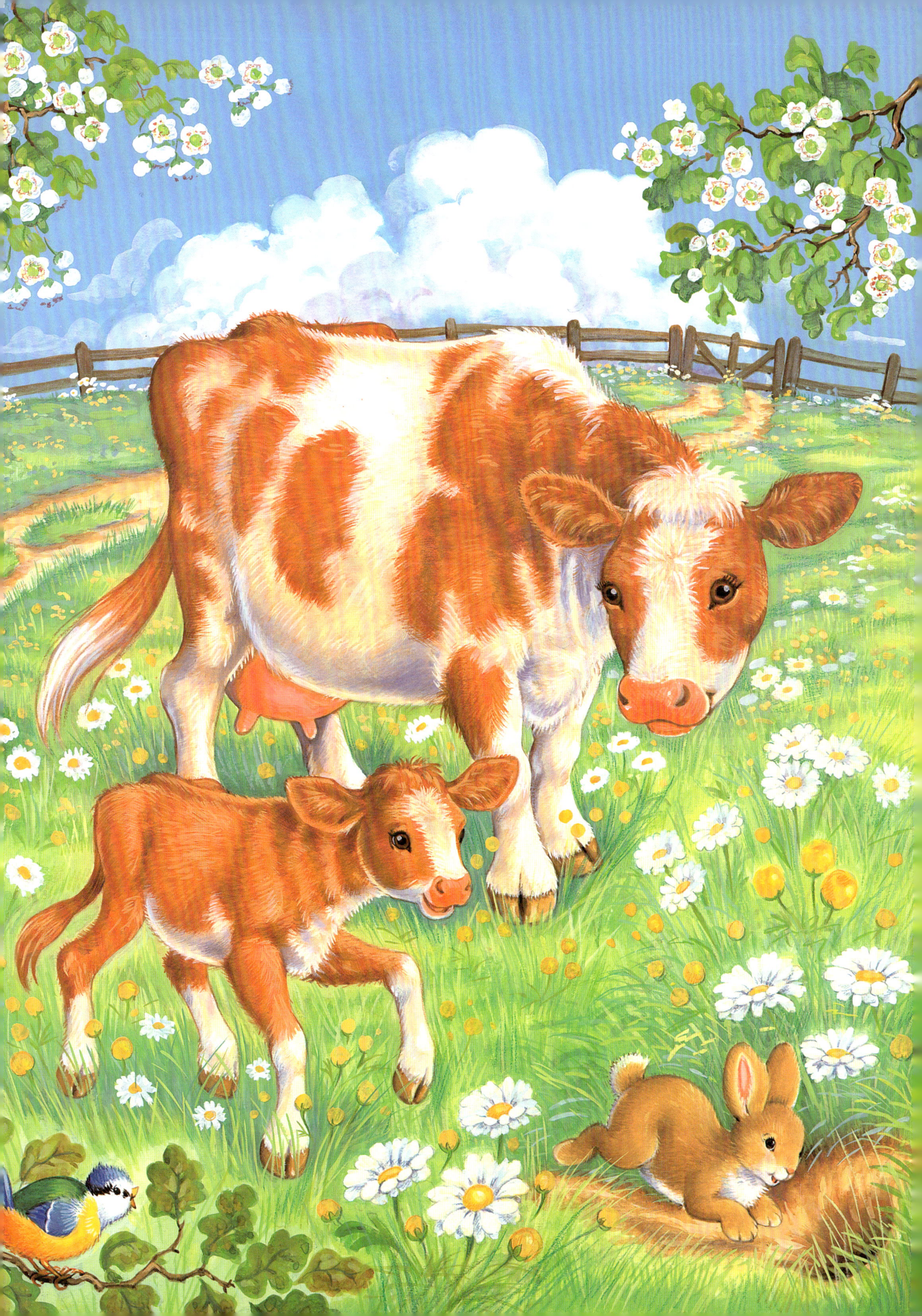

Der Storch

Hörst du mich klappern? Ich bin der Storch. Mit meinem langen, spitzen Schnabel kann ich nicht nur mein Klappergeräusch erzeugen, ich kann auch prima damit nach Futter suchen. Mir schmecken besonders Frösche, Würmer, Schnecken und allerlei Insekten. Ich bin mit besonders langen Beinen ausgestattet. Sie leuchten in roter Farbe und daher bin ich schon von weitem gut erkennbar. Ich halte mich in feuchten, sumpfigen Wiesen und Auen auf. Da kommen mir natürlich meine langen Beine zu gute – elegant stolziere ich dahin. Ich lebe in Teilen Europas, in Afrika und auch in Asien. Man nennt mich einen Zugvogel. Das heißt, zu euch komme ich im Sommer und wenn es dann wieder kalt ist, ziehe ich mit den anderen Störchen in den Süden, nach Afrika. Wir besitzen eine innere Uhr, wir spüren genau, wann es Zeit ist, zu fliegen. Unsere Nester sind etwas ganz Besonders. Wir bauen sie auf Gebäude, Häuser und Schornsteine. So einen Horst besiedeln wir über mehrere Jahre immer wieder. Das alte Nest wird immer wieder renoviert und mit frischem Gras, Stroh und Federn ausgestattet. Auch Reste von Stoffen oder Papier können wir gut für unseren Nestbau gebrauchen. Der Legende nach sind es auch wir Störche, die den Menschen ihre Babys bringen. Warm verpackt in einem Tuch, das wir mit dem Schnabel transportieren. Wer möchte da nicht auch so ein Glücksbringer sein?

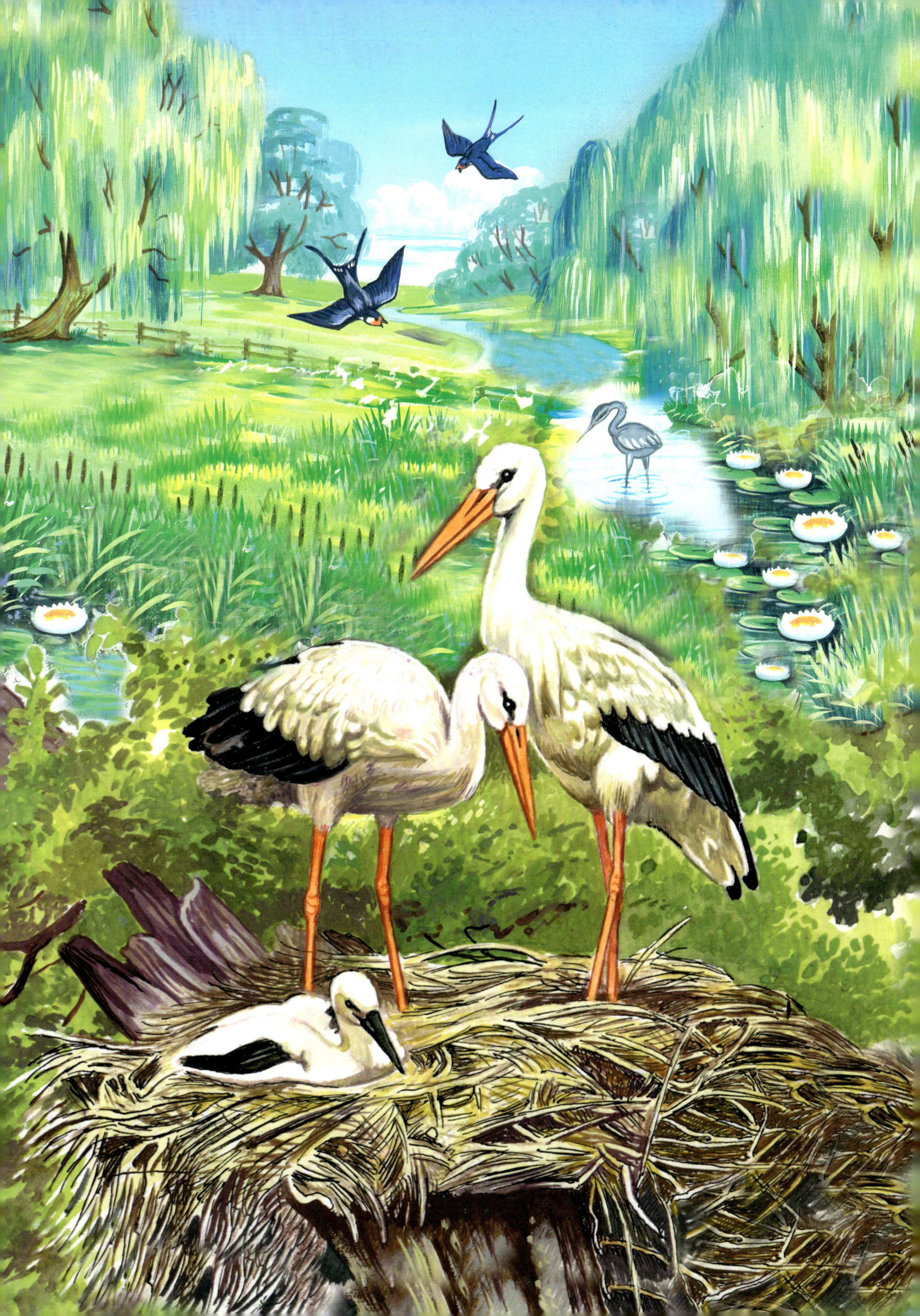

Der Fuchs

Darf ich mich vorstellen? Ich bin der Fuchs. Seit alten Zeiten habe ich auch den Namen „Reinecke". Man sagt mir nach, dass ich durchtrieben und raffiniert sei. Na ja, aber schlau bin ich schon. Die Höhle, die ich bewohne, ist ein großartig angelegter Bau mit vielen, vielen Gängen. Das muss mir erst mal einer nachmachen. Meine Hauptmahlzeit sind Mäuse, Mäuse und wieder Mäuse. Aber zwischendurch kann ich mich auch für Käfer, Würmer, Frösche, Schnecken und sogar Schlangen erwärmen. Ich wohne Seite an Seite mit den Häschen im Wald. In die Bauernhöfe der Menschen wage ich mich aber nur, wenn ich meine Jungen versorgen muss und ich nichts anderes mehr finden kann. Dann hole ich mir schon mal ein Hühnchen – aber nur im Notfall. Für meine Babys mache ich alles, natürlich auch ein besonders weiches Nest. Sie sind doch ganz kleine Wollknäuel und so verspielt! Mein rotbrauner Pelz ist lang und dicht, mein langer Schweif ist eine Besonderheit. Ich lebe über die ganze Erde verstreut: in Asien, Nordamerika, Nordafrika und natürlich auch hier in Europas Wäldern. Die Jäger haben uns Weibchen einen ganz besonders schönen Namen gegeben: die Fee. Schön, nicht? Man hat über mich sogar ein Lied geschrieben – du kennst es sicher, oder?

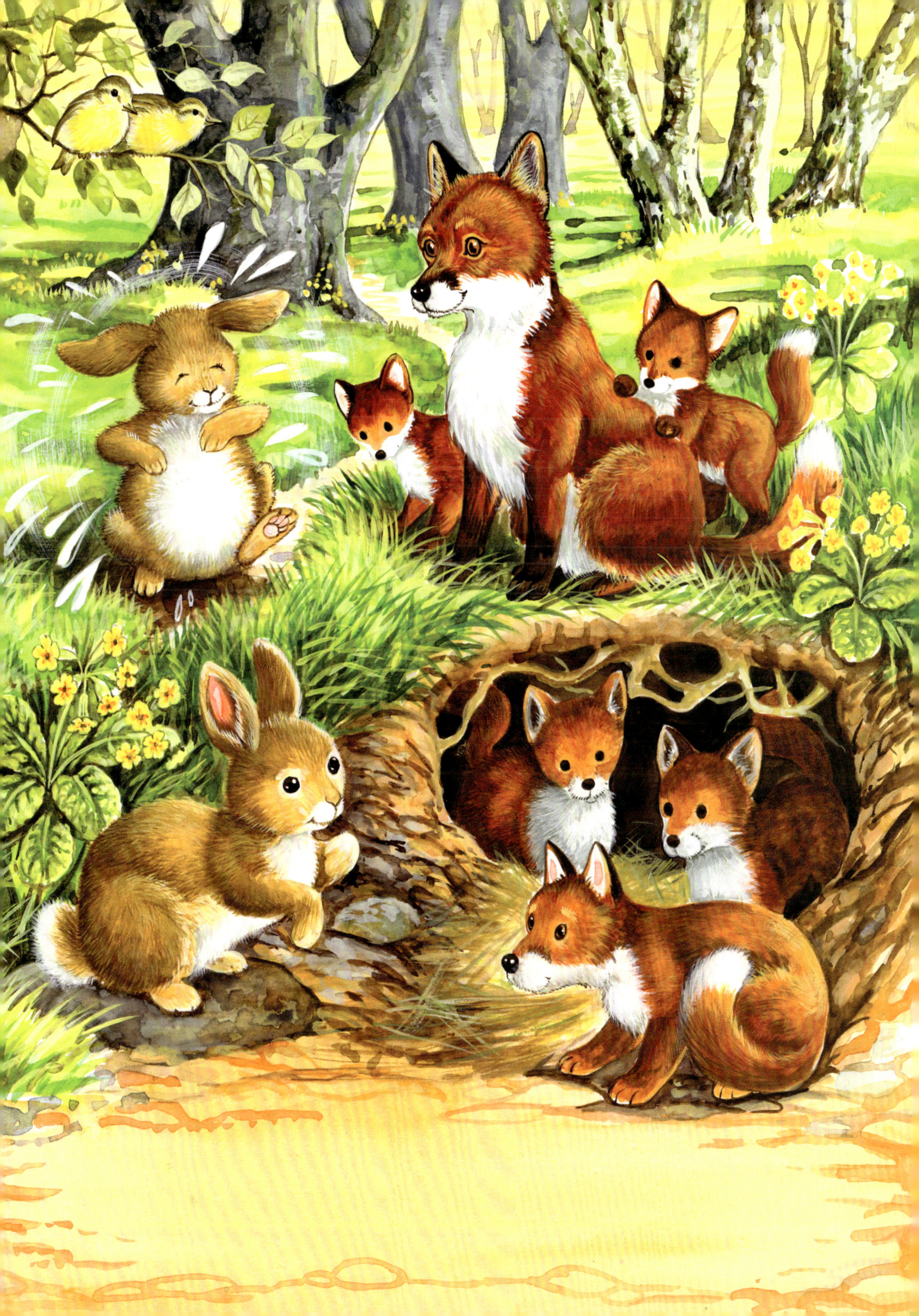

Die Katze

Miau, ich bin die Katze. Auch ich zähle zu den Haustieren der Menschen weltweit. In vielen Wäldern lebe ich zwar noch als Wildkatze, aber als zahmer „Stubentiger" bin ich doch am meisten verbreitet. Mein seidiges Fell wächst in den schönsten Farben: in vielen Brauntönen, in schwarz, weiß oder sogar orange. Meine getigerte Fellzeichnung lässt noch erahnen, wo ich eigentlich herkomme. Und erst meine Augen: von bernsteinbraun bis grün leuchten sie. Meine „wilde" Herkunft steckt in mir aber noch immer drinnen: einige Tage verbringe ich still im Haus meiner Familie, dann streune ich wieder ruhelos umher. Ich spiele gerne mit meinen Menschen, vor allem Wollknäuel fangen. Danach lasse ich mich sehr gerne kraulen und streicheln und danke es mit einem liebevollen Schnurren. Ich ziehe Fleischkost vor, bin aber sehr wählerisch. Mäuse stehen auch auf meinem Speiseplan. Meine Babys bringe ich in völliger Abgeschiedenheit zur Welt. Ich suche mir ein ruhiges Versteck und dort bleibe ich dann mit meinem Nachwuchs. Meine Jungen sind nämlich anfangs noch blind und öffnen erst später ihre Äuglein. Nach ein paar Wochen zeige ich ihnen dann behutsam die Welt. Klettern ist dafür sehr wichtig – falls mich Nachbars Bello einmal jagt….

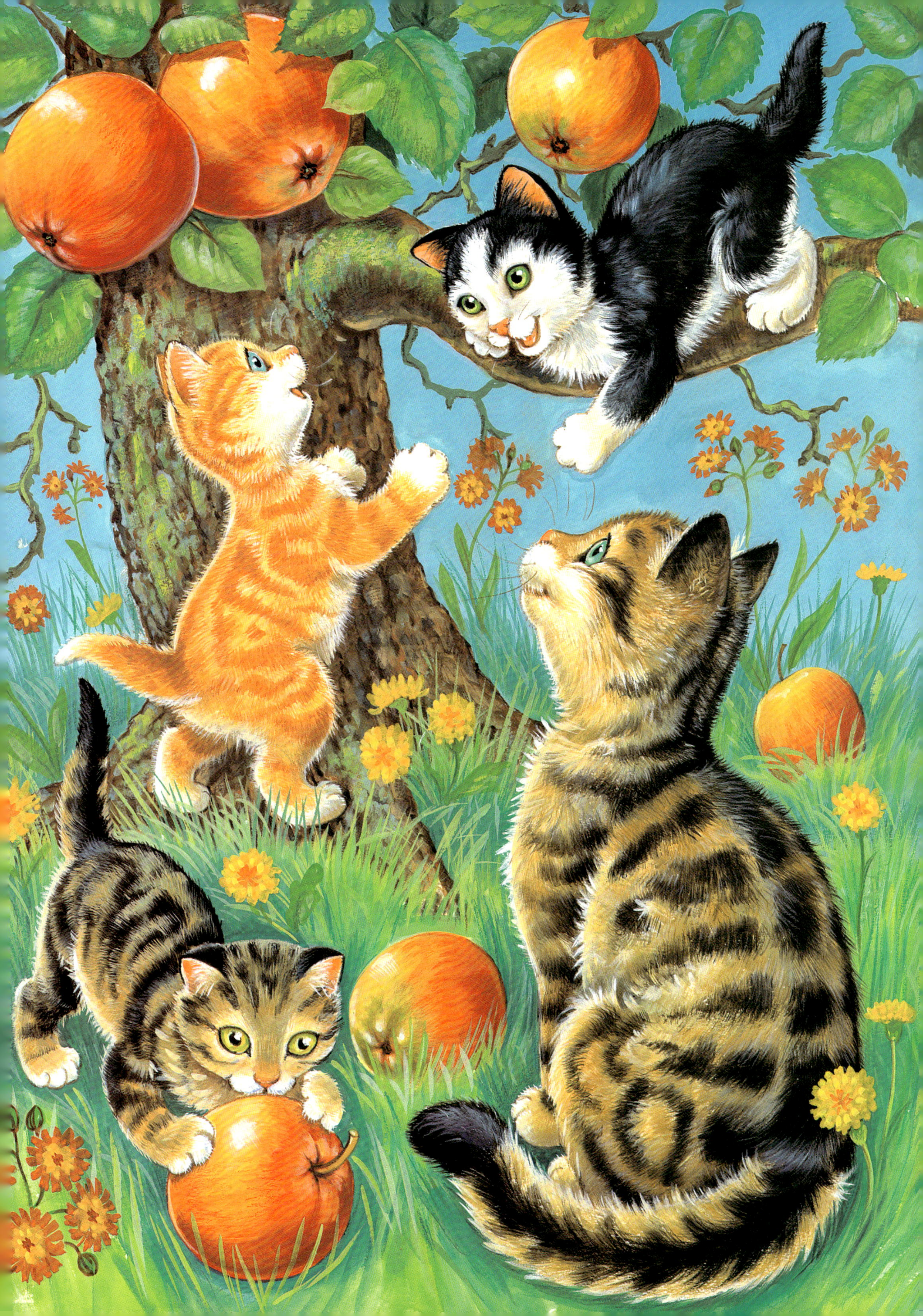

Das Huhn

Auch mich, das Huhn, kennst du sicher. Ich bin ein sogenannter Lauf- und Bodenvogel, denn fliegen kann ich eigentlich nicht wirklich, meine Flügelchen sind dafür zu kurz. Plump über Zäune flattern kann ich noch, aber dann ist es mit meiner Sportlichkeit vorbei. Dafür habe ich ein reiches Gefieder. Ich bin braun, weiß, gefleckt oder schwarz. Die männlichen Hähne leuchten sogar in prächtigem, buntem Gewand. Ihr Kamm ist auch viel größer als bei uns weiblichen Hennen. Die Hähne sind es auch, die ihre lauten Kikerikis schmettern, während sie herumstolzieren. Wir Hennen dagegen bringen nur ein schüchternes Tuck-Tuck zustande. Aber dafür können wir etwas, was die Hähne nicht können: Eier legen! Als ob wir rechnen könnten, brüten wir genau 21 Tage auf den gelegten Eiern. Und dann ist es soweit: ein Riss in der Schale, dann noch einer und bald schlüpft ein Küken nach dem anderen. Fast den ganzen Tag picke ich Futter: Gras, Körner, Würmer, Brotstückchen oder auch Salat. Bei der Futtersuche kann ich meine kräftigen Füße gut zum Buddeln und Scharren gebrauchen. Wir Hühnervögel sind schon ein komisches Völkchen: wenn wir müde sind, setzen wir uns auf die Stangen in unserem Hühnerhaus, neigen das Köpfchen und schlummern. Bitte nicht stören!

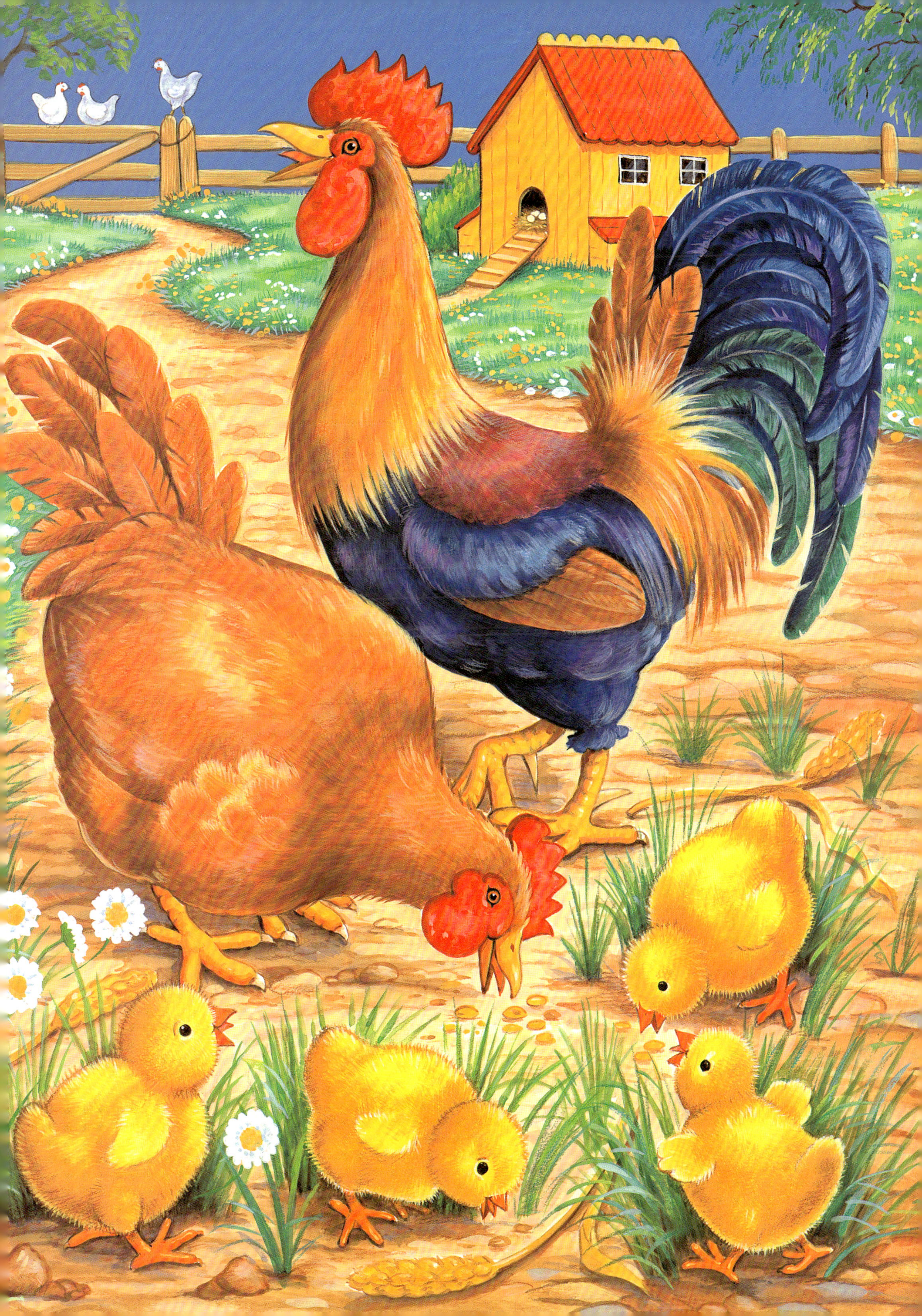

Die Schnecke

Schön, dass du auch mich beachtest – mich, die Schnecke. Weil ich so ein kleines Wesen bin, gehen die Leute oft achtlos an mir vorbei, oder sie ekeln sich gar vor mir. Dabei sind auch wir Weichtiere gar nicht so unsympathisch. Über 100.000 Arten gibt es von mir. Und ich wette, ihr wisst gar nicht, dass die meisten Arten im Meer oder an der Küste leben. Auch in heimischen Teichen und Seen finde ich mein Zuhause. Da ich eigentlich im Wasser siedle, hat auch die Landschnecke Fußdrüsen, die eine schleimige Flüssigkeit absondern, damit ich mich überhaupt bewegen kann. Auch mein Körper ist mit diesem Schleim überzogen, um mich vor Luft und Hitze zu schützen. Mein Kopf ist eigentlich gut ausgebildet: ich habe einen Mund und 2 oder 4 zurückziehbare Fühler, die mir zum Tasten dienen. In meiner Mundhöhle verbirgt sich meine Zunge, die mit vielen tausend Zähnen versehen ist. Daher kann ich meine Zunge wie eine Raspel einsetzen. Und gute Kauwerkzeuge brauche ich, denn ich bin ziemlich gefräßig. Jeder Hobbygärtner schaut mich schief an, denn ich verschlinge so ziemlich alles, was auf meinem Weg wächst: Salate, Obst, Gemüse, Grünzeug aller Art. Erst im Herbst gebe ich das Fressen auf. Da verschließe ich mein Haus mit einer Kalkschicht und schlüpfe in die Erde um dort zu überwintern. Bis zum nächsten Jahr!

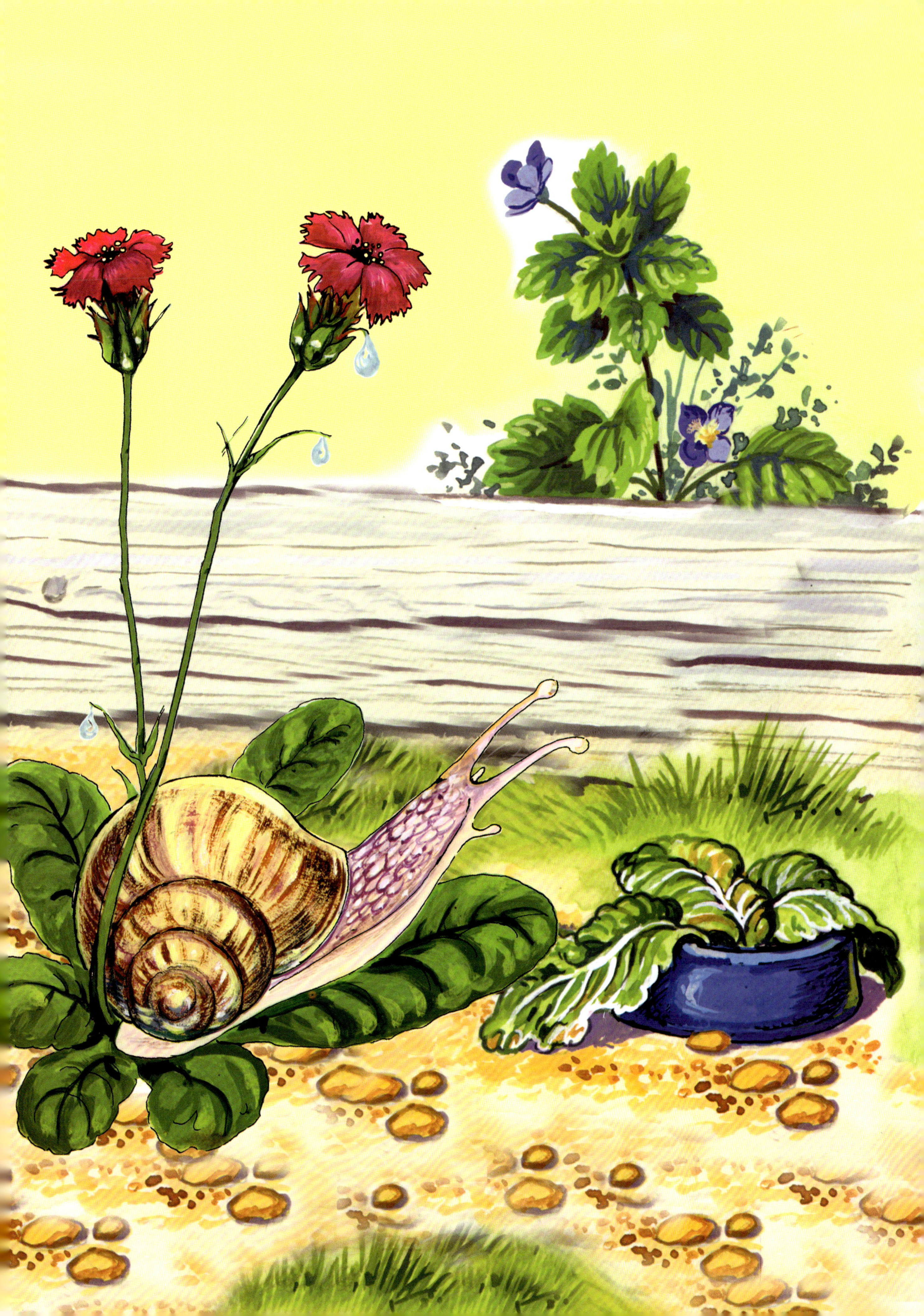

Das Wildschwein

Ich bin das Wildschwein. Ich bevölkere die Länder der ganzen Erde. Egal ob im Gebirge oder in der Ebene – ich bin überall zu Hause. Eigentlich bin ich sehr scheu. Ich lebe im Wald und bin nur im Schutze der Nacht unterwegs. Ich habe einen richtigen bulligen Körperbau: ich bin zwar nur bis zu 170 cm lang und ca. 90 cm hoch, aber wenn ich einmal in Fahrt bin – na dann! Schön bin ich nicht gerade: mein sogenanntes Fell besteht nur aus langen, steifen, dunkelbraunen Borsten. Aber meine Jungen sind hübsch! Sie haben ein gestreiftes Fell und laufen immer im Gänsemarsch hinter mir her. Falls ihnen Gefahr droht, greife ich sofort an. Dann geht es unseren Angreifern aber schlecht. Meinen Babys, man nennt sie auch Frischlinge, bereite ich ein besonders gepolstertes Nestchen. Sie rennen den ganzen Tag spielend und quiekend durch den Wald. Ich liebe es, mich in Erdlöchern zu wälzen – suhlen nennt man das. In der Erde rumwühlen, das gefällt mir. Mit meinem Rüssel suche ich nach Würmern, Schnecken, Pilzen und Kräutern. Meinen Hunger stille ich aber auch mit Feldfrüchten aller Art, mit Nüssen, Beeren und Pflanzen. Auch Insekten, Larven, Frösche, Mäuse und Schlangen schmecken mir. Auf der Suche nach Futter habe ich schon manchmal ganze Äcker durchwühlt, sehr zum Ärger der Bauern. Aber sonst bin ich sehr friedlich – Ehrenwort!

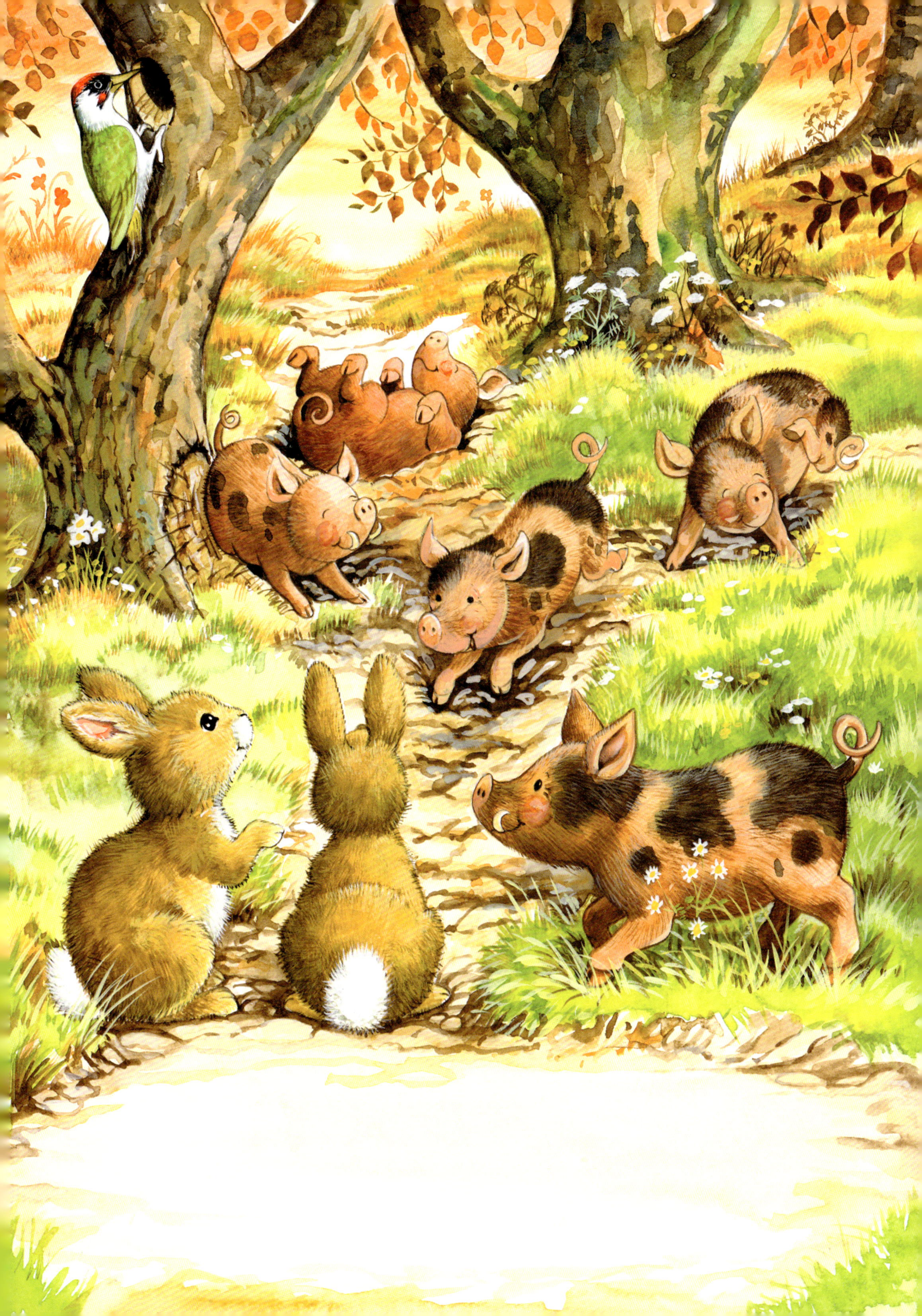

Die Maus

Ich bin die Maus. Eigentlich schaue ich doch süß aus, oder? Ich habe ein spitzes, fein behaartes Schnäuzchen und große Augen. Meine langen Schnurrhaare zittern andauernd. Mein Fell glänzt und schillert in braun oder grau. Ich habe eine große Kinderstube, zu meiner Familie gehören viele, viele Babys. Schnell sause ich durch die Gegend. Die ganze Erde kennt mich, ich bin ein richtiger Weltenbummler. Ich lebe auf Feldern, im Wald – oder auch in Häusern. Habe ich einmal ein Gebäude erobert, dann geht es aber rund. Vom Keller bis zum Dachboden baue ich mir ein weit verzweigtes Netz von heimlichen Gängen. Dabei zernage ich mit meinen spitzen Mäusezähnchen Wände, Türen und Möbel. Meinem Gaumen schmeckt fast alles: Körner, Früchte, Fleisch, Käse, Brot, Süßigkeiten und, und, und. Ich schlabbere gerne Milch und süße Säfte – wie du sie gerne magst. Fühle ich mich einmal so richtig wohl, kannst du mich auch tagsüber sehen. Obwohl man mir nachsagt ich sei listig und frech, möchte ich doch betonen, dass ich hochbegabt bin – und flink. Klettern, hüpfen, springen – für mich kein Problem. Das alles muss ich auch gut können, denn leider sind oftmals Katzen hinter mir her. Warum, weiß ich nicht. Ich tue ihnen doch gar nichts. Sag doch selbst: würdest du dich vor mir fürchten?

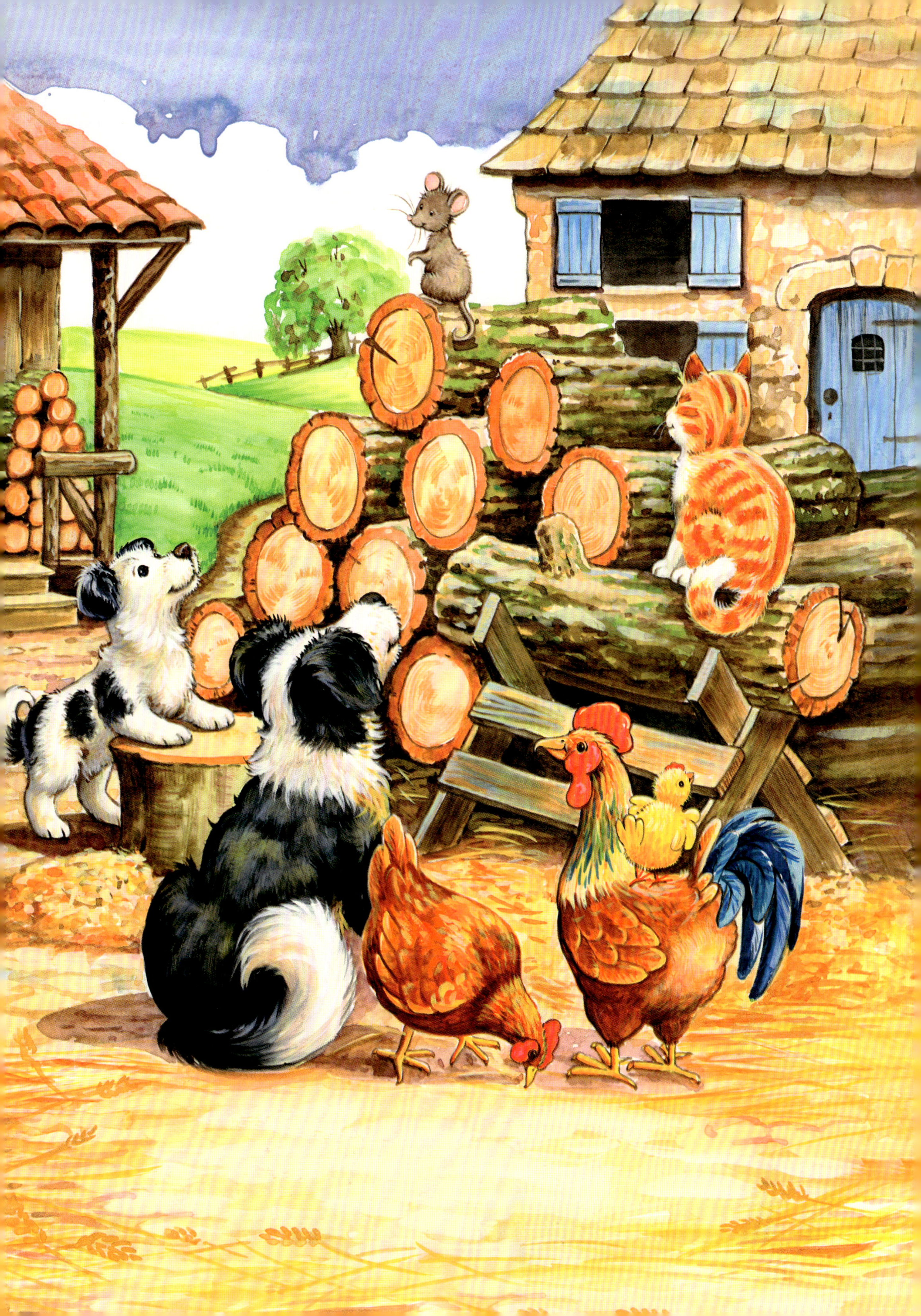

Der Schwan

Hallo, ich bin der Schwan. Solange ich mich im Wasser aufhalte, könnt ihr mich bewundern. Wie ein großes, weißes Federboot ziehe ich dahin mit meinen starken Schwimmfüßen. Sobald ich an Land gewatschelt bin, entfalte ich meine ganze Pracht. Aber ich bin kein Streicheltier. Nur zu meiner Familie bin ich sehr lieb und meinem Partner bin ich meist ein Leben lang treu. Obwohl ich hervorragend schwimmen kann, bin ich doch ein schlechter Taucher. Aber wenn ich angeflogen komme imponiere ich wieder mit meiner Flügelspannweite: durchschnittlich 2 m kann sie betragen. Wenn ich Hunger habe, sucht mein Schnabel nach Wasserpflanzen, Würmern, Insektenlarven oder anderen Pflanzenstoffen. Auch kleine Lurche und Frösche stillen meinen Appetit. Ihr kennt doch alle das Märchen vom Hässlichen Entlein. Das ist nämlich so: wenn meine Jungen aus den Eiern schlüpfen sind sie ganz grau. Die Federn werden erst von Jahr zu Jahr heller. Im 4. Lebensjahr sind dann meine Kinderchen ganz weiß und auch der Schnabel leuchtet in kräftigem Orange. Wenn ich das erste Mal mit meinen Babys schwimmen gehe, verbergen sie sich noch in meinen prächtigen Federn, aber die Scheu vor dem Wasser verlieren sie dann rasch. Bin ich mit meinen Jungen unterwegs, bin ich sehr angriffslustig. Wenn auch nur jemand in die Nähe kommt, greife ich an. Also bitte: Abstand halten, ja?

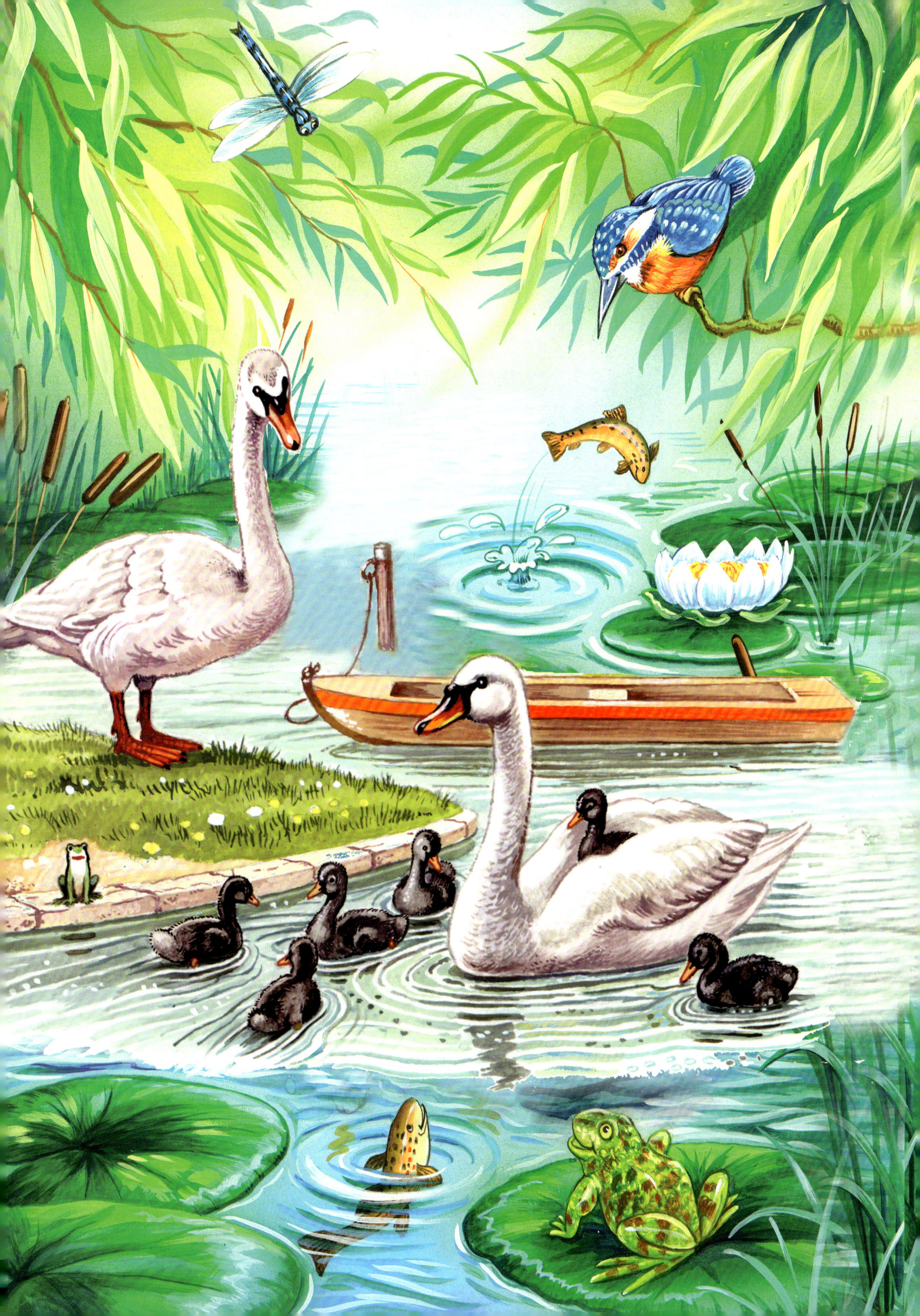

Das Kaninchen

Ich bin das Kaninchen. Unter den Langohren bin ich sicherlich der ruhigste und gemütlichste Vertreter. Ich lebe in der Familie. Gemeinsam bewohnen wir unseren Bau. Wenn ich erwachsen bin, lebe ich mit meinem Partner wie ein Ehepaar. Kommen dann erst einmal die Hasenbabys auf die Welt, kümmert sich die Hasenmami in den ersten Wochen um die Kleinen. Dann umsorgt sie auch der Hasenpapi. Meine Kleinen sind richtige flaumige Wollknäuel, die sich gerne im liebevoll gebauten warmen Nest zusammenkuscheln. Mein Fell kann grau bis gelbbraun sind, teilweise weiß oder schwarz. Ich liebe es bunt. Meine Beine sind zwar etwas kurz, aber ich kann trotzdem damit super graben. Ich lebe im Wald, in der Au oder auf dem Feld. Besonders lustig sieht es aus, wenn ich im Zickzack dahinsause. Den Standort für meinen Bau suche ich mir immer so aus, dass er geschützt unter Baumstämmen, Büschen oder Felsen liegt. Aber gute Futterplätze müssen auch in der Nähe sein. Ich mag Klee, Gräser, Kräuter, Getreidekörner und Feldfrüchte aller Art. Ein „Cousin" von mir ist der Feldhase. Der ist allerdings nicht so ein friedlicher Geselle wie ich, der boxt schon einmal gerne mit seinem Nachbar. Gemeinsam aber sind wir wahre Frühlingsboten und ein Osterfest ohne uns Hasen wäre undenkbar – oder nicht?

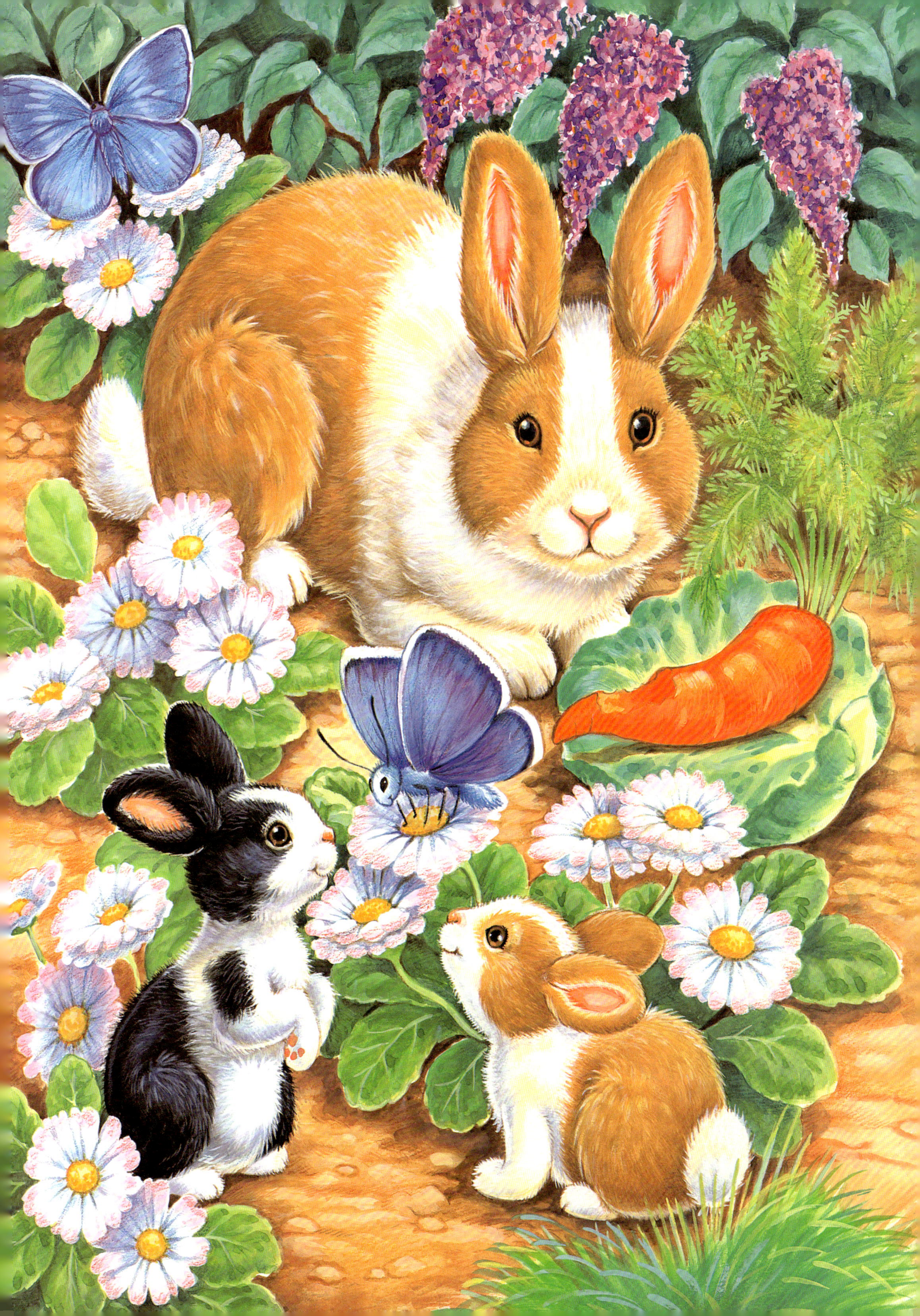

Die Ente

Hallo, liebe Kinder! Ich bin die Ente. Mein vergnügtes Geschnatter hört ihr schon von weitem. Ich liebe das kühle Nass. Ich bin ja auch mit den besten Schwimmfüßen der Welt ausgestattet. Kräftig paddeln sie im Wasser und bringen mich in kurzer Zeit an mein Ziel. Ich kann aber gut fliegen und erreiche so immer die besten Plätze. Ich lebe in den Auen entlang von Flüssen oder in unmittelbarer Nähe von Seen, denn meine Nahrung hole ich mir auch aus dem Wasser. Ich ernähre mich von den Pflanzen- oder Insektenteilchen, die im Wasser treiben. Meinen flachen, breiten Schnabel halte ich dabei ins Wasser wie ein Sieb. Wenn ich aber dann trotzdem noch Hunger habe, suche ich mir Gräser, Würmer, Schnecken oder auch Feldfrüchte. Ich bin ein richtiger Familienmensch. Habe ich einmal einen Partner, dann bleibe ich viele Jahre mit ihm zusammen. Wenn im Frühling die Eier ausgebrütet werden, schwimmen nur die prächtig gefiederten Erpel, so heißen bei uns die Männchen, aus. Die Weibchen sitzen in den Nestern und warten auf das Schlüpfen der Küken. Sobald die Küken geschlüpft sind, können sie schon schwimmen. Wenn die Entenmami mit den kleinen Wollknäueln das ersten Mal zum See geht, sieht es putzig aus wie es im Lied gesungen wird:
„….Köpfchen unters Wasser, Schwänzchen in die Höh…"

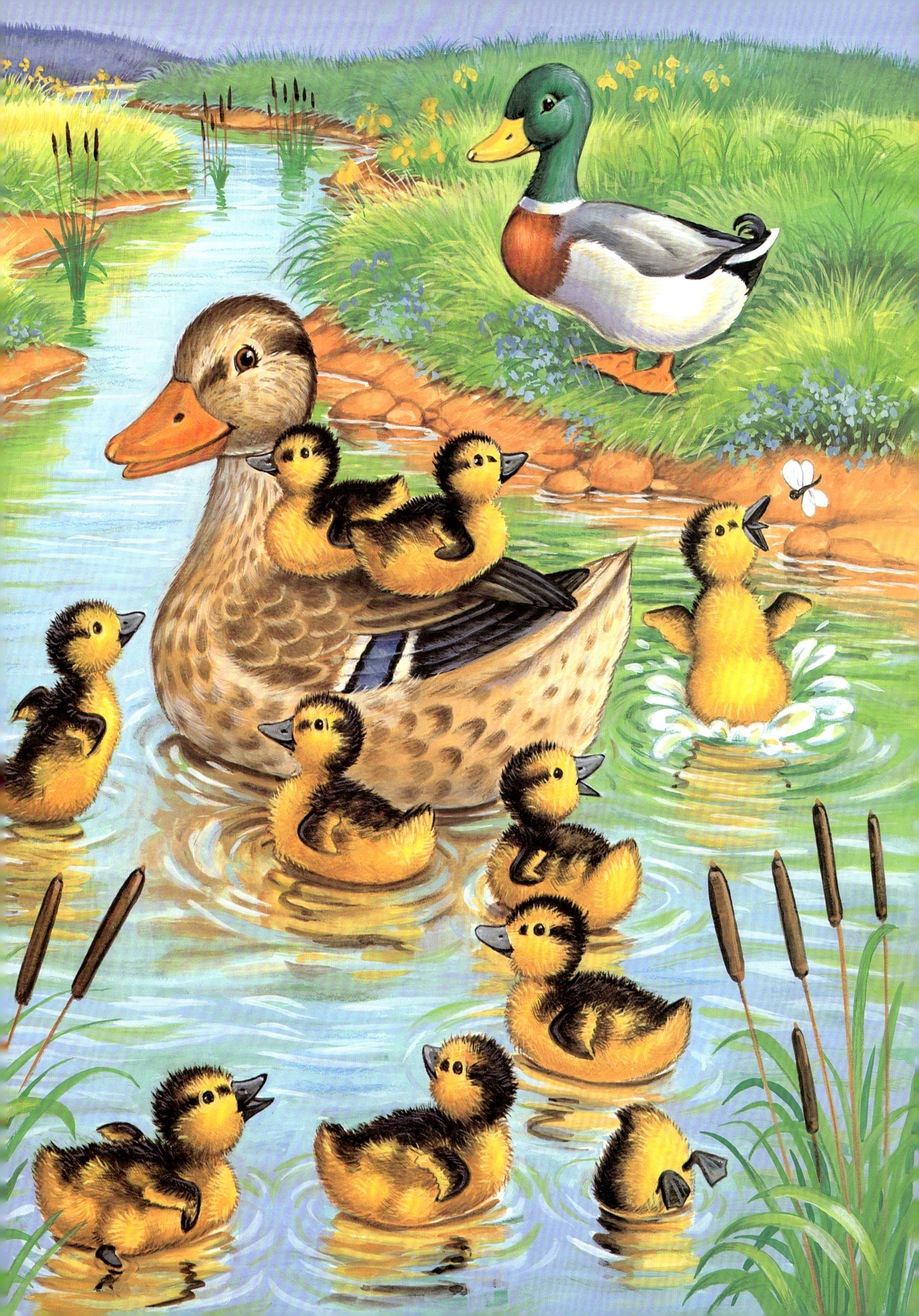

Die Eule

Huhu, ich bin die Eule. Schaurig-schön klingt mein Ruf durch die Nacht. Dann sitze ich nämlich auf den Ästen der Bäume und suche nach Nahrung. Mäuse stehen auf meiner Speisekarte an der ersten Stelle. Auf meinen Beutezügen bewege ich mich ganz lautlos. Mit meinen großen Augen, die grünlich-gelb blitzen, kann ich wunderbar sehen. Meinen Kopf kann ich fast im Kreis herum drehen! Es gibt viele Arten in meiner Tierfamilie. Die Käuzchen sind meine kleineren Geschwister, der Uhu ist der Riese in unserer Familie: Wenn er auf einem Ast sitzt, ist er bis zu 90 cm hoch. Zu meiner Gattung gehört auch noch die Schneeeule. Sie ist in ihrem Federkleid ganz auf ihre Umgebung in den Bergen angepasst und daher ganz weiß. Lange, scharfe Krallen zeichnen mich aus. Kein Wunder, muss ich doch meine Beute auch gut packen können. Mein Schnabel ist zwar nur sehr kurz und krumm, aber für meine Ansprüche genügt das. Meine Eier, aus denen dann meine Jungen schlüpfen, lege ich nur auf den nackten Stein - die Natur ist schon seltsam, oder? Ich lebe über die ganze Welt verstreut. Große Parks, Wälder und Bäume entlang von Feldern mag ich sehr. Aber auch Felshöhlen dienen mir als Wohnung. Deshalb finde ich es auch sehr romantisch in Ruinen, Burgen, Schlössern oder Kirchtürmen zu hausen. Schön gruselig, nicht?

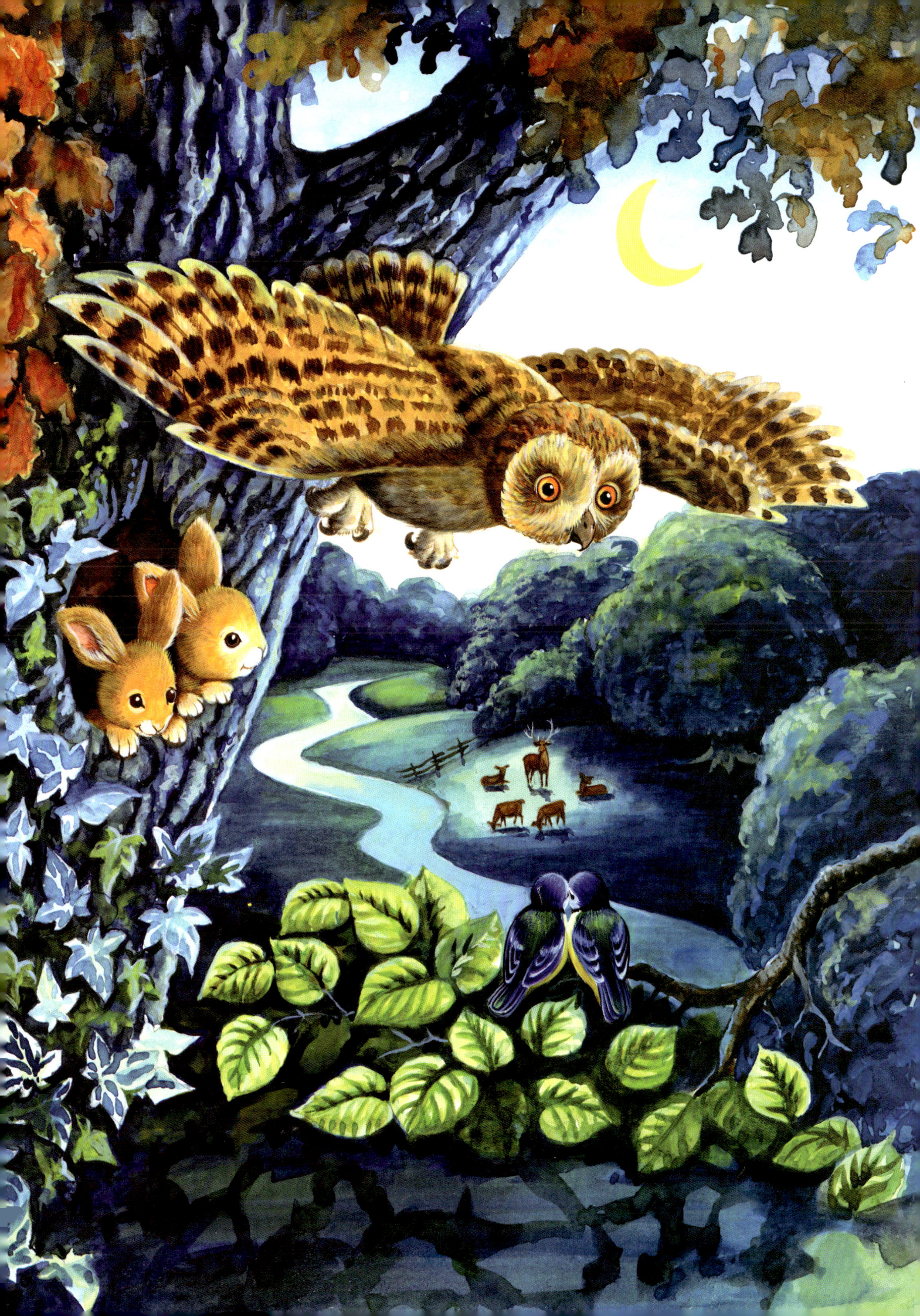

Das Schwein

Ich bin das Schwein. Mein unverwechselbares Merkmal ist die lustige Rüsselnase. Aus kleinen Knopfaugen schaue ich mir die Welt an. Mich gibt es in fast allen Ländern. Landwirte halten mich in ihren Ställen, zu denen auch manchmal eine Weide gehört. Dort fühle ich mich dann wohl. Vielleicht findet sich ja eine Erdmulde, in der ich mich nach Herzenslust wälzen kann. Außerdem schmeckt mir nicht nur das Streufutter, das Stroh und Heu, das mir der Bauer gibt, sondern auch noch die frischen Gräser, Klee oder manchmal auch zwischendurch ein Regenwurm. Falls ich den Gemüsegarten entdecke, ist man allerdings weniger begeistert, denn auf der Suche nach Kartoffeln oder anderen Leckerbissen wühle ich rücksichtslos dahin. Ich bringe immer sehr viele Babys auf einmal zur Welt, die dann gierig nach Muttermilch saugen. Niedlich sind sie mit ihren Ringelschwänzchen, dem hellrosa Fell und ihrem Quieken. Mein Fell, das eigentlich nur aus Borsten besteht, gibt es nicht nur in rosa, andere Rassen haben auch ein braun geflecktes Fell. Zum Jahreswechsel darf ich ein Glücksbringer sein. Da verschenkt man mich sogar in Form von Schokolade und Marzipan – lecker, würde mir auch schmecken!

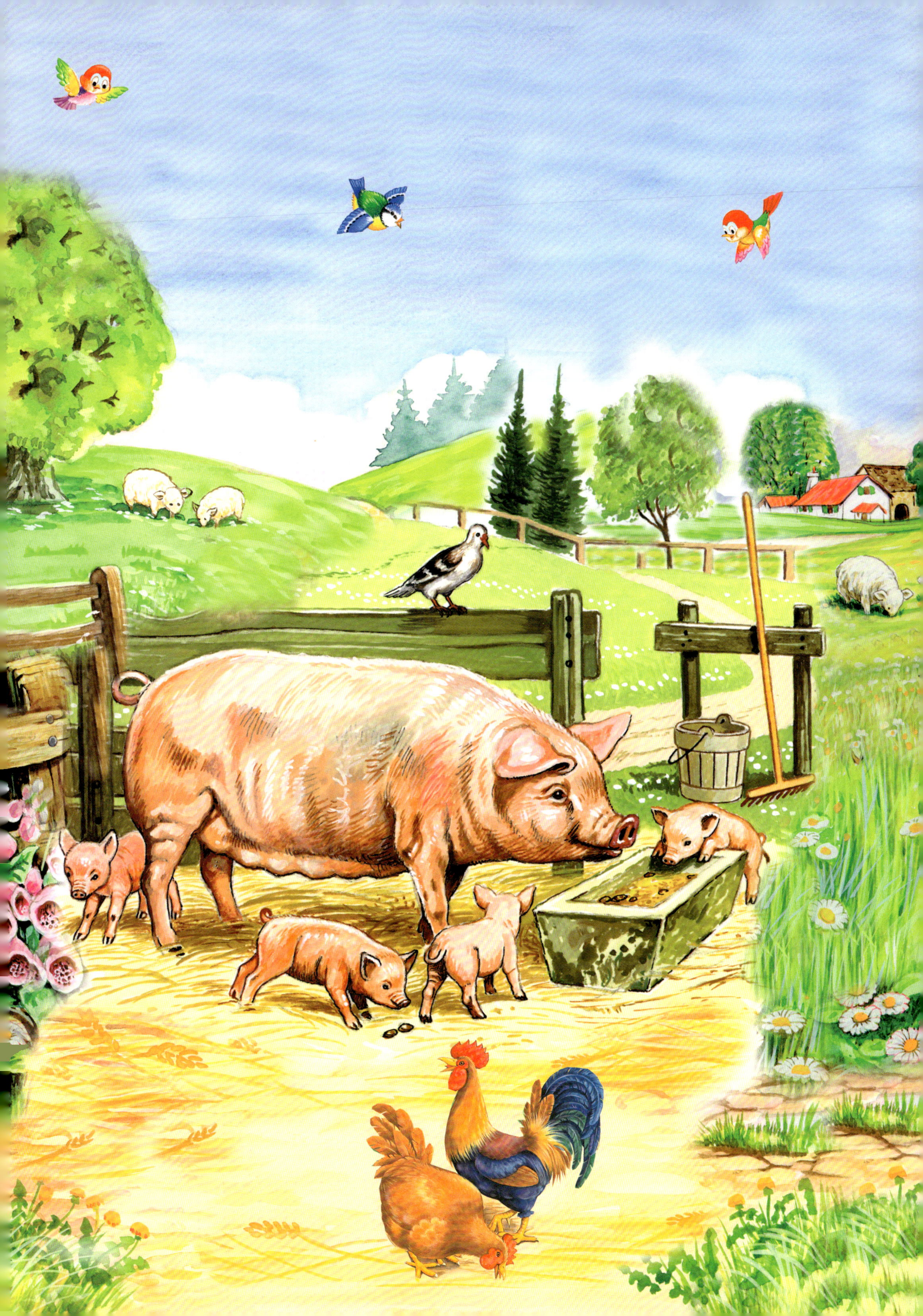

Der Hirsch

Ich bin unverkennbar der Hirsch. Mein prächtiges Geweih macht mich unverwechselbar. In meinem 2. Lebensjahr beginnt dieses schaufelförmige Gebilde zu wachsen, das mit meinem zunehmenden Alter immer mehr Enden bildet. Einmal im Jahr wird das Geweih abgeworfen und wächst noch prächtiger nach. Meine Gesamtkörperhöhe kann bis zu 220 cm betragen, meine Schulterhöhe bis zu 150 cm! Ich liebe das Leben in Wäldern im hügeligen Gelände oder auch im Gebirge. Dort finde ich alles, was mir schmeckt: Pilze, Baumfrüchte, Kräuter, Gräser, Samen und auch Körner. Ich siedle mich in Rudeln an, zu dem viele weibliche Tiere, die Jungtiere und auch einige männliche Hirsche gehören, die sich jedoch völlig unterordnen müssen. Der Mächtige bin ich – das stelle ich mit meinem kraftvollen Geweih auch tatkräftig unter Beweis. Rehe und Rehkitze, sowie Hasen dulde ich auch in meiner Umgebung. Mein Fell, das im Sommer rotbraun leuchtet, verwandelt sich im Winter zu einer dichten, schwarzbraunen, wärmenden Decke. Die Jungtiere meiner Familie, werden im dichtesten Unterholz geboren. Niedlich sehen sie aus mit ihrem gepunkteten Fell. Bricht der Winter über uns herein, sind wir sehr dankbar, wenn gutherzige Jäger uns mit Körnerfutter, Streu und Heu versorgen. Vielleicht kannst du uns bei einem Winterspaziergang ja bei einer solchen Futterstelle beobachten?

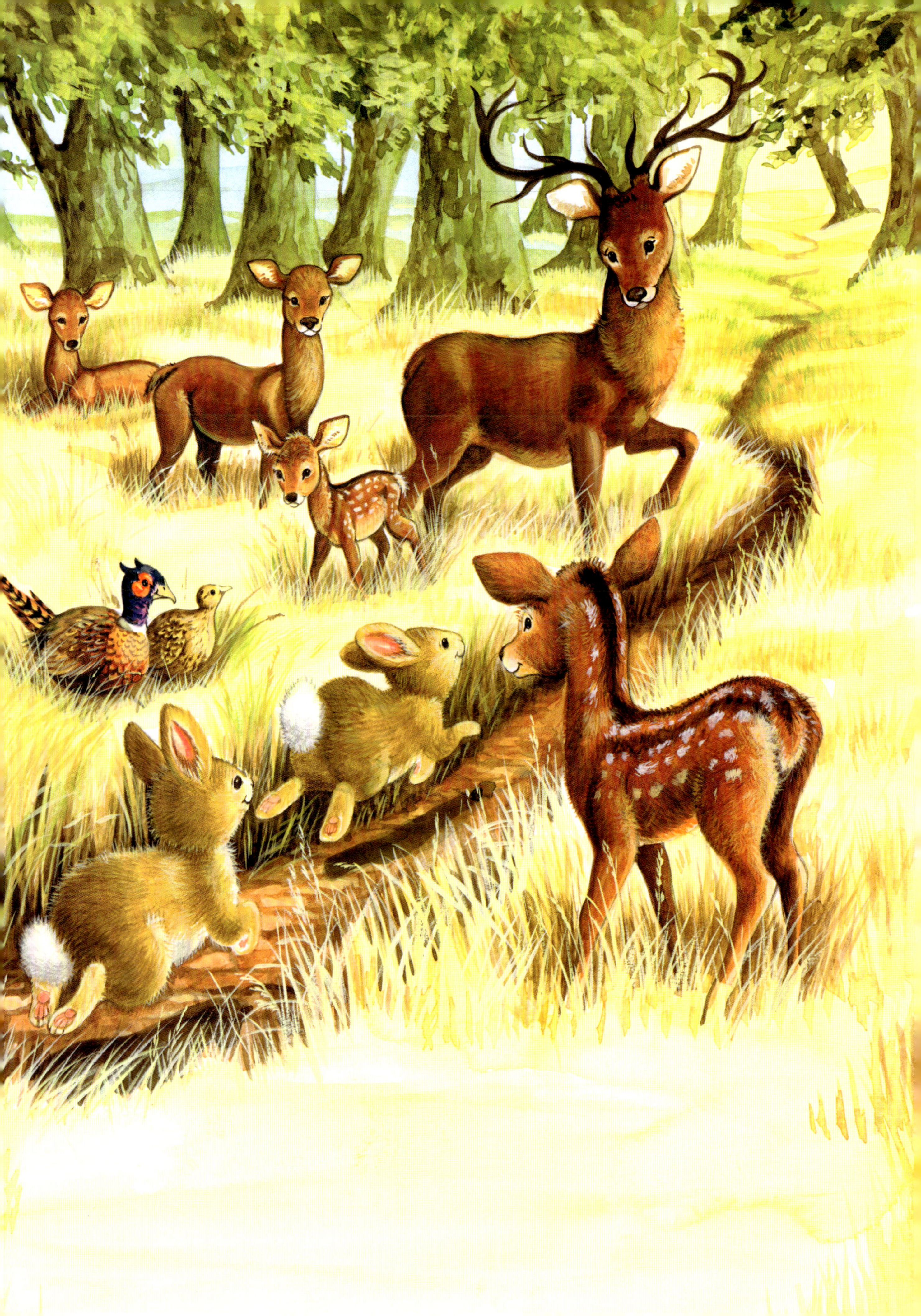

Das Schaf

Hallo, ich bin das Schaf. Zufrieden ziehe ich über die Weiden und rupfe Halm um Halm. Ich lebe in einer großen Schar anderer Schafe. Wir sind richtige „Rasenmäher auf vier Beinen". Im Frühling kommen meine Jungen zur Welt – mit wolligem Fell und Stupsnäschen. Sie hüpfen fröhlich über die Wiesen und überschlagen sich förmlich in ihren Bewegungen. Im Lauf des Jahres wächst mir ein stattlicher Pelz. Meine Wolle wird aber für gewöhnlich nicht sehr oft im Jahr geschoren. Wenn es soweit ist, wird die Wolle dann gereinigt, gesponnen, bei Bedarf gefärbt und dann lande sie vielleicht als Pullover in deinem Schrank. Wenn ich erwachsen bin, hängen meine länglichen Ohren herab – was mich ein bisschen dumm aussehen lässt. Mein durchdringendes „Mäh" ist schon von weitem zu hören. Auf meinen Weiden darf auch nie Wasser fehlen, denn ich bin ein sehr durstiges Wesen. Einige meiner Familienmitglieder können auch schwarzes oder braunes Fell haben. Ich lebe zwar auf der ganzen Welt, aber es gibt Regionen, wo es mir besonders gut gefällt. In den Hügel- und Berglandschaften Europas zum Beispiel. Aber auch in eher trockenen Gebieten Australiens gibt es sehr zahlreiche Herden meiner Art. Begleitet werde ich meistens von einem Hütehund, der auf meine Herde und mich aufpasst. Es geht eben nichts über einen guten Freund.

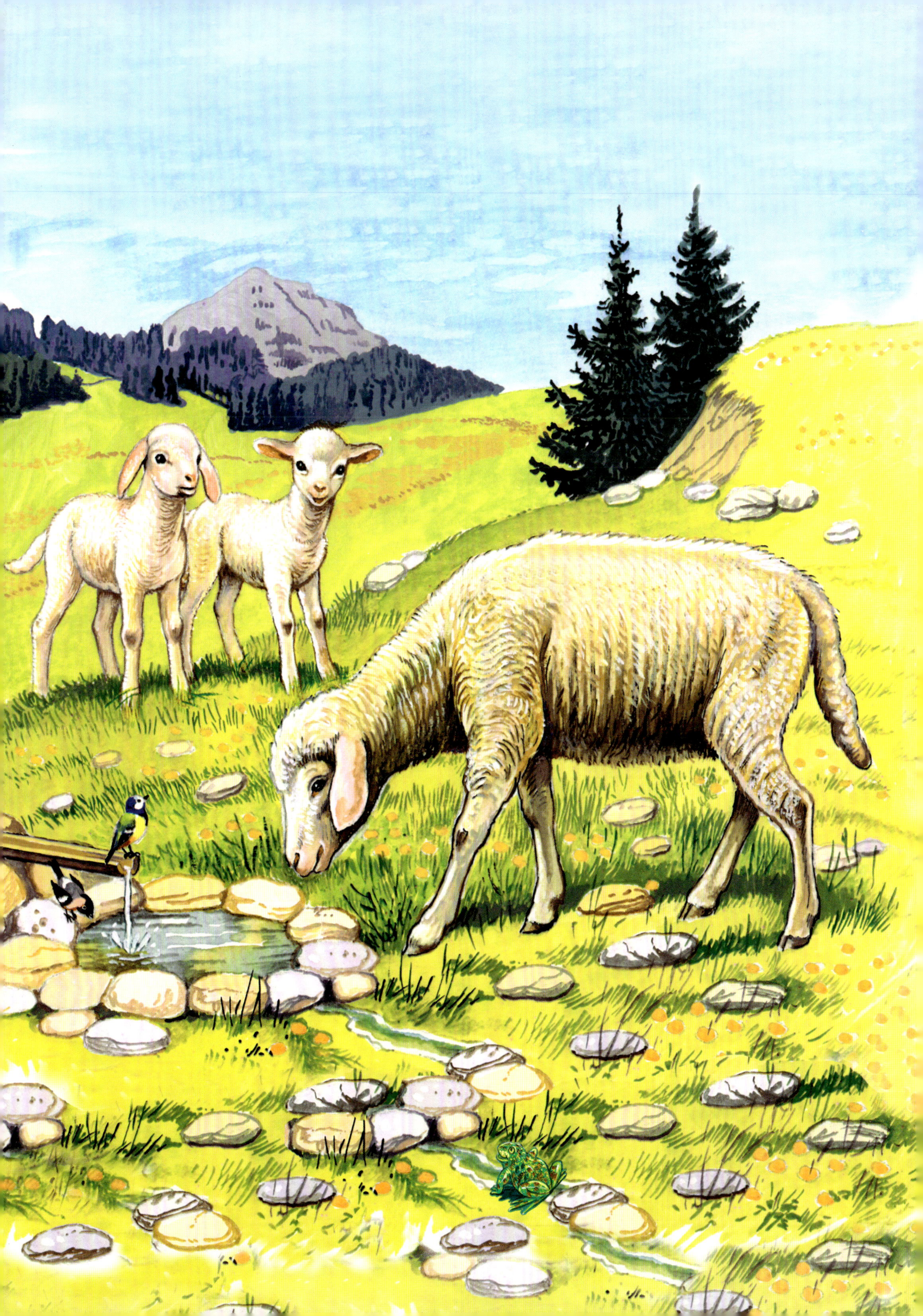

Die Schwalbe

Ich bin die Schwalbe. Schlank und anmutig schwinge ich mich durch die Lüfte. Ich kann wirklich blitzschnell fliegen. Mich unterscheidet etwas ganz Eindeutiges von den anderen gefiederten Freunden: mein Schwanz sieht aus wie eine Gabel. Meine Beine sind leider sehr kurz und daher kann ich auch nicht gut hüpfen oder laufen. Deswegen hat es die Natur so eingerichtet, dass ich meine Nahrung auch im Fliegen erbeuten kann. Allerlei Insekten schnappe ich kurzerhand im Fluge. Mein Schnabel hat einen tiefen Spalt, wodurch ich meine Beute wie mit einem Kescher einsammeln kann. Meinen großen, scharfen Augen entgeht nicht einmal die kleinste Fliege. Meine Nester baue ich entlang von Hausmauern, unter dem Dach. Besonders liebe ich Kuhställe – Da ist es schön warm und Futter finde ich dort im Überfluss, denn meine Kleinen futtern und futtern. Sind sie erst einmal geschlüpft, habe ich keine ruhige Minute mehr. In meiner Tierfamilie gibt es auch noch die so genannte Uferschwalbe und die Mehlschwalbe. Aber egal welche Art, wir Schwalben sind Zugvögel, das heißt wir überwintern im sonnigen Süden. Unsere biologische Uhr sagt uns genau, wann wir uns versammeln müssen, um fortzuziehen. Aber wir sind wie die Frühlingsblumen – wir kommen bestimmt wieder!

Die Ziege

Hallo, ich bin die Ziege. Habe ich nicht ein keckes Gesichtchen? Witzig gucke ich in die Umgebung und suche eigentlich nur jemanden zum Spielen. Ich bin ein sehr eigenwilliges Geschöpf und selbstbewusst, aber wie! Ich liebe die Gesellschaft meiner Artgenossen, auch wenn es diesen manchmal zuviel wird, weil ich sie zu gerne necke. Und neugierig bin ich auch! Wenn mein Magen knurrt, streife ich über die Wiesen und suche mir die saftigsten Gräser und Kräuter, die es gibt. Ich habe einen hochentwickelten Geschmackssinn und deshalb bin ich sehr wählerisch. Nicht jedes Blümlein entspricht meinem Gaumen. Ich lebe rund um den Globus – in Europa, Asien, Afrika und Amerika. Klettern kann ich natürlich auch sehr gut. Problemlos hüpfe ich über hügeliges Gelände, über Felsen und über Bäche. Meine stämmigen Beine tragen mich überall hin. Ein lustiger Bart unter dem Kinn gibt meinem Äußeren noch zusätzlich eine pfiffige Note. Mit meinen starken, kurzen Hörnern könnte ich alle schon ganz schön stoßen. Man hält mich auch gerne in Streichelzoos, weil ich sehr kinderlieb bin. Vielleicht sehen wir uns einmal? Aber bitte eine gut gefüllte Futtertüte mitnehmen – ich nasche gern.

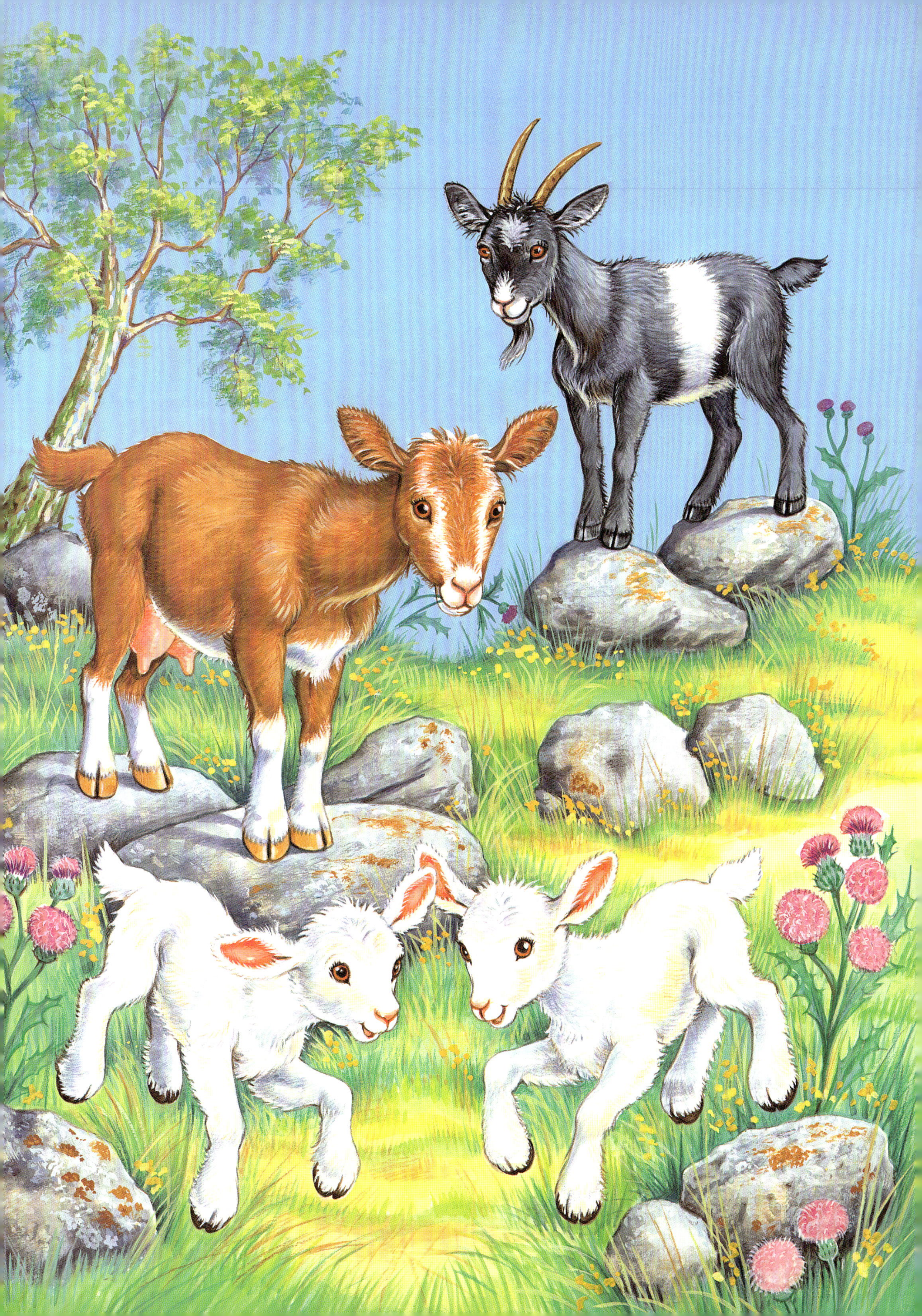

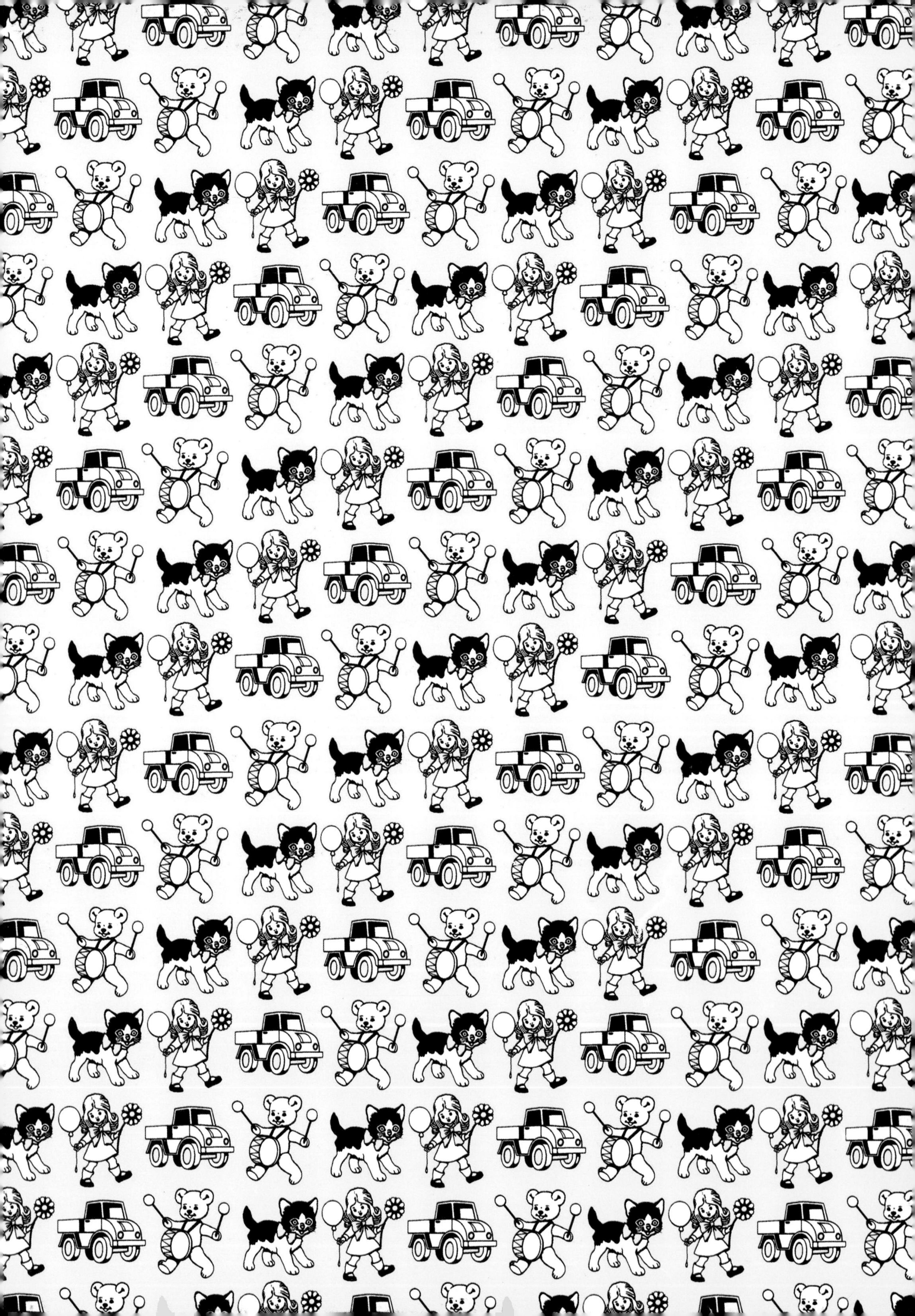